AF370887

CAVALO-DIOS,

OU

LE CHEVAL GENIE BIENFAISANT,

Scènes équestres, mêlées de féeries, en deux
Parties,

Par MM. CUVELIER et FRANCONI cadet ;

Musique arrangée par M. NAVOIGILLE,

Avec plusieurs morceaux nouveaux de la composition
de M. FOIGNET père.

*Représentées pour la première fois, à Paris, au
Cirque Olympique, le 16 novembre 1808.*

PARIS,

Chez Barba, Libraire, Palais-Royal, derrière
le Théâtre Français, N°. 51.

1808.

PERSONNAGES. ACTEURS.

CAVALO-DIOS, ou le Cheval Génie bienfaisant. *Zéphir.*
ALMANZOR, jeune chevalier espagnol. *M. Franconi* aîné.
TREMBLINOS, écuyer d'Almanzor. *Gougibus.*
ALQUIMAGOS, Magicien. *Saint-Martin.*
ROSABELLA, fille d'Alquimagos. Mlle. *Moncassin.*
BARBARA, vieille Maure, duègnede Rosabella. Mlle. *Tigée.*
ZEGRINO, chevalier maure. *Franconi* cadet.
ALLARIF, écuyer de Zégrino. *Achn.*
L'AMOUR. *Adolphe Franconi.*
MERCURE. *Marcé.*
Trois Bûcherons.
Un Maître d'Auberge.
Deux Factionnaires maures.
Nymphes.
Suite de l'Amour.
Dames maures, à cheval.
Démons à pied et à cheval.
Soldats espagnols.
Soldats maures à pied et à cheval.

* * *

La scène se passe dans le royaume de Grenade, au tems tems des premiers rois maures

CAVALO-DIOS,

ou

LE CHEVAL GENIE BIENFAISANT,

SCENES ÉQUESTRES EN DEUX PARTIES.

PREMIÈRE PARTIE.

Le Théâtre représente une campagne ; à la gauche de l'acteur, la maison du magicien ; à la droite, un banc de gazon.

SCENE PREMIERE.

ROSABEELA, BARBARA, ALQUIMAGOS.

Au lever du rideau, Alquimagos assis à l'ombre, à l'entrée de la maison, étudie la négromancie ; il paraît tantôt agité, tantôt enseveli dans des réflexions profondes. Rosabella près du berceau, feignant de peindre des fleurs, dessine un portrait de chevalier espagnol, qu'elle regarde avec complaisance, et qu'elle veut cacher à sa duègne qui, placée au milieu de la scène, fait de la tapisserie.

La duègne s'endort en travaillant, le magicien est absorbé par son étude astrologique ; Rosabella profite de ce moment pour achever son portrait, et lui donner un tendre baiser.

SCENE II.

Les Précédens, ALMANZOR.

Rosabella s'est levée pour s'assurer que sa duègne est endormie, et que son père, trop occupé de ses édudes, ne peut l'avoir vue; en se retournant, elle apperçoit Almanzor à l'entrée du berceau; elle fait un cri, et laisse tomber le portrait; aussitôt Almanzor se cache, et disparaît sous le feuillage.

SCENE III.

ROSABELLA, BARBARA, ALQUIMAGOS.

La duègne se réveille, Alquimagos revient à lui; ils courent tous deux vers la jeune fille, elle est interdite, elle oublie de cacher le portrait; la duègne le ramasse, le montre au magicien; celui-ci l'examine avec indignation; tous deux accablent de reproches la jeune imprudente. Alquimagos prend le portrait et le touche de sa baguette; il s'efface, et on lit ces mots sur une surface noire :

Renonce à lui.

Rosabella ne peut y consentir, ses larmes coulent; les deux tyrans de cette jolie fille se concertent à part, et rentrent dans la maison.

SCENE IV.

ROSABELLA, ensuite ALMANZOR.

Rosabella désolée s'assied sur le banc, Almanzor montre sa tête cachée sous le feuillage, la console, lui baise la main, lui jure un amour éternel; les deux amans échangent leurs gages de fidélité.

Rosabella donne son écharpe, et reçoit d'Almanzor un anneau. Les vieux surveillans reparaissent
à la porte; l'amant, prompt comme l'éclair, léger
comme zéphire, a disparu sans qu'on le découvre.

SCENE V.

ROSABELLA, BARBARA, ALQUIMAGOS.

Rosabella est rêveuse et embarrassée, son père
veut savoir la cause de son chagrin : je n'ai point
de chagrin, dit-elle en riant: son père et la duègne
sont étonnés de ce changement subit : ils enten-
dent une marche lointaine, ils écoutent.

SCENE VI.

Les Précédens, ZÉGRINO et ALLARIF, Dames et Maures à cheval.

Zégrino met pied à terre ; il est accueilli favo-
rablement par Alquimagos. La vieille Barbara
sourit à l'écuyer Allarif, son antique conquête.
Zégrino est présenté à Rosabella comme son
époux futur : celle-ci soupire, gémit, le Maure lui
déclare son violent amour, et se jette à ses genoux.
Elle rejette ses vœux avec dédain. Le magicien se
fâche, ainsi que la duègne ; le fier Musulman ne
conçoit pas qu'on puisse rejetter ses vœux, il presse
encore ; nouveaux refus. Alquimagos, outré de
cette résistance inattendue, prend la main de sa
fille et veut la forcer à recevoir celle de Zégrino :
Rosabella embrasse les genoux de son père ; il la
relève, lui déclare qu'elle n'aura jamais d'autre
époux, et lui donne quelques heures pour se dé-
cider à le recevoir.

Zégrino invite la belle à se réunir aux dames
de sa suite pour aller à la chasse. Elle voudrait

refuser, l'impérieux Alquimagos fronce le sourcil et l'oblige d'accepter.

On lui amène un cheval richement caparraçonné, elle le monte : aux ordres du chevalier Maure, un jeune aigle dressé par lui à la chasse au vol, à l'exemple des fauçons, s'élève dans les airs et rapporte bientôt une colombe timide, que Zégrino offre à sa maîtresse. Celle-ci reçoit avec un soupir la malheureuse colombe, emblême de sa propre situation.

Le chasse s'éloigne, Alquimagos et Barbara rentrent dans la cabane.

SCENE VII.

ALMANZOR, TREMBLINOS.

Almanzor sort du berceau, suit des yeux son redoutable rival, et témoigne tour-à-tour son amour et sa jalousie.

Tremblinos paraît, son maître lui ordonne d'avancer, il tremble et n'ose faire un pas, dans la crainte de rencontrer le formidable magicien ou l'horrible figure de la vieille Moresque. Almanzor cherche à le rassurer, il met la main sur la garde de son épée, et déclare qu'il saura s'en servir pour conquérir sa maîtresse. Il sort du même côté que la chasse.

SCENE VIII.

TREMBLINOS, BARBARA.

Tremblinos est prêt à suivre son maître.

Barbara paraît à la porte de la maison, et l'examine d'un air soupçonneux.

Scène comique entre eux. Ils sortent en se moquant l'un de l'autre, et se menaçant mutuellement.

SCENE IX.

Le théâtre change et représente un site sauvage ; dans le fond un monticule terminé, par un pont brisé sous lequel roule un torrent.

ROSABELLA, Femmes MAURES, ZEGRINO, ALLARIF et suite à cheval.

Un lion traverse la scène, toute la chasse traverse ensuite en différens groupes à la poursuite de l'animal lancé.

SCENE X.

ALMENZOS, TREMBLINOS.

Le maître et l'écuyer arrivent, Almanzor se repose au pied d'un arbre, accablé de fatigue, d'amour et d'inquiétude ; Tremblinos s'assied d'un autre côté, tire de son bissac de quoi boire et manger, et fait tranquillement son repas, après avoir offert à son jeune maître de le partager.

Pendant ce tems le soleil s'obscurcit, l'éclair brille, la foudre gronde.

SCENE XI.

Les Précédens, ROSABELLA.

L'écuyer n'a plus d'appétit, il se raproche de son maître en tremblant ; l'orage redouble, il tremble plus fort : bientôt, à la lueur des éclairs, on distingue Rosabella emportée par son cheval ; elle a perdu la chasse, son palefroi est épouvanté par l'orage qui éclate avec violence et par un lion qui le poursuit.

A cet aspect Almanzor se lève et Tremblinos effrayé ne sait où se cacher.

Rosabella reparaît à cheval toujours poursuivi par le lion; elle monte sur le pont brisé, et, dans son effroi, se précipite du haut en bas; le lion s'élance égalemeut pour saisir sa proie.

Le brave Almanzor, sans craindre le danger, saute dans le précipice, et sauve sa maîtresse d'une mort certaine.

Il la prend dans ses bras, et chargé de ce précieux fardeau, il reparaît et la pose évanouie au piedd'un arbre.

Le tems se raserène, Almanzor, à genoux, prodigue les soins les plus délicats à sa Rosabella, qui revient à elle et tombe dans ses bras, en lui témoignant sa reconnaissance.

SCENE XII.

Les Précédens, ZEGRINO.

Zégrino paraît, il voit ce tableau avec indignation, défie Almanzor, met l'épée à la main et l'attaque; Almanzor le désarme.

SCENE XIII.

Les Précédens, ALQUIMAGOS, ALLARIF, suite de ZEGRINO.

A l'instant du désarmement Alquimagoss'élance, étend sa baguette, et l'épée d'Almanzor vole dans les airs. Soudain l'amant aimé et son écuyer sont saisis et attachés à deux arbres. Alquimagos déclare avec fureur à Almanzor qu'il faut renoncer à sa belle ou périr.

Tous sortent en laissant le malheureux jeune homme et son timide écuyer enchaînés aux arbres et dans une situation déplorable.

SCENE XIV.

ALMANZOR, TREMBLINOS, L'AMOUR, ensuite CAVALO-DIOS.

Tremblinos se désole, Almanzor frémit de rage.

Une musique douce et mélodieuse se fait entendre.

L'Amour traverse les airs, son flambeau à la main ; il descend en scène et fait un signal ; aussitôt une draperie flotte dans les nuages, soutenue par une renommée ; on y lit cette inscription :

Un cheval sera ton génie bienfesant.

Ces mots ont versé une douce consolation dans l'ame du jeune chevalier, la draperie disparaît aux ordres de l'Amour.

Cavalo-Dios s'avance ; il s'approche de son nouveau maitre, arrache ses liens avec ses dents, il frappe du pied la terre, une armure complette en sort ; Tremblinos, détaché par son maitre, est étonné de tout ce qu'il voit. Le chevalier est armé ; il prend ses tablettes, écrit à sa maîtresse pour lui faire part de sa bonne fortune, et après avoir remis l'amoureuse épitre à son écuyer, en lui ordonnant de la porter à sa belle, il saute lestement sur Cavalo-Dios et sort d'un côté, tandis que le messager d'amour sort de l'autre, en promettant fidélité et célérité.

SCENE XV.

Le théâtre change et représente la première décoration, et la maison du magicien.

ZEGRINO, ALLARIF, ALQUIMAGOS, BARBARA, ROSABELLA, Suite à cheval.

Zégrino et sa suite ramènent Rosabella ; la vieille

sortant de la maison, les reçoit. Le magicien menace sa fille, la brusque et la force à rentrer. Zégrino prend congé de lui, et se retire avec son escorte, dans son château-fort, dont on distingue les tours dans le lointain.

SCENE XVI.

TREMBLINOS, *seul.*

Il entre les tablettes à la main, avec beaucoup de précautions ; il examine de tous côtés et cherche à remplir sa mission auprès de Rosabella, sans être apperçu, car alors il sait ce qui peut en résulter de fatal pour ses épaules, et il tremble d'avance en y songeant ; il s'approche de la maison magique, Barbara en sort brusquement.

SCENE XVII.

TREMBLINOS, BARBARA.

L'écuyer recule à la vue de la vieille Maure, « Que faites-vous là ? où allez-vous ? que voulez-» vous ! lui dit-elle d'un ton dur et sévère. » L'écuyer prend un air patelin, et après avoir hésité, s'être gratté l'oreille, il se hasarde à la choisir pour confidente, persuadé qu'il n'y a pas de duègne incorruptible ; l'écuyer présente une bourse ; la vieille la prend et va pour sortir, il l'arrête, il lui offre une chaîne d'or qu'il lui passe au cou ; elle lui fait la révérence et veut encore s'en aller ; il la retient et lui montre les tablettes, la duègne se fâche et ne veut rien entendre, Tremblinos lui met au doigt un beau brillant ; Barbara s'appaise, sourit et lui déclare que cédant à sa générosité, elle va le servir et faire remettre sa missive à sa jeune et belle maîtresse : elle rentre au logis et ferme brusquement la porte au nez de Tremblinos

SCENE XVIII.

TREMBLINOS, *seul.*

L'écuyer, quoiqu'un peu fâché de cette impolitesse, croit avoir réussi et saute de joie.

SCENE XIX.

TREMBLINOS, ROSABELLA à la fenêtre, BARBARA en scène.

Barbara revient et montre à Tremblinos, Rosabella à la fenêtre; Tremblinos la salue, et veut recevoir une lettre que lui offre la jeune amante de son maître; à cet effet il monte sur une petite borne placée à l'entrée de la maison : tout-à-coup il se trouve enlevé jusqu'au toit par une cariatide; la fenêtre se referme, Rosabella disparaît, et la perfide Maure se rit des menaces du malencontreux écuyer.

SCENE XX.

Les Précédens, ALMANZOR, CAVALOS-DIOS.

Dès qu'Almanzor paraît, monté sur son tout-puissant cheval, le charme cesse; Barbara s'enfuit et Tremblinos à demi-mort de frayeur, est reporté à terre.

SCENE XXI.

Les Précédens, ZEGRINO, ALLARIF, Maures, ROSABELLA, BARBARA, ALQUIMAGOS;

Zégrino accourt à cheval la lance au poingt, et combat son rival, à cheval ensuite à pied : il est vaincu; dans l'instant où le généreux Almanzor veut relever son ennemi abattu , il est désarmé, entouré par tous les Maures qui veulent le saisir : Qui pouira le sauver dans ce danger pressant! son fidèle quadrupède, qui s'élance au milieu de ses ennemis , les écarte à force de ruades , les mord , les met tous en fuite en les poursuivant avec ardeur. Rosabella qui a voulu défendre son amant , est arrêtée. Le magicien , d'un coup de baguette, change la maison en rocher avec la résolution de construire une tour dans un endroit écarté, à l'aide de son art, et d'y faire renfermer sa fille.

SCENE XXII.

ALMANZOR , TREMBLINOS , ensuite l'Amour.

L'écuyer et le chevalier sont tous deux moulus, et peuvent à peine se soutenir ; le brave cheval revient ; comme il est vulnérable, quoique doué par l'amour de qualités supérieures, il a été blessé au pied , il est boiteux ; son maître aidé de l'écuyer, panse sa blessure ; l'animal reconnaissant lui baise la main , et ne pouvant plus marcher , se couche par terre , le maître et le valet sont désolés ; l'Amour paraît , agite son flambeau ; le cheval guéri se relève plus ardent ; l'amour indique au chevalier la retraite de sa maîtresse, ils sortent tous de divers côtés.

SCENE XXIV.

Le théâtre change et représente un autre site ; un mur d'airain ferme toute la scène ; à droite et à gauche sont des arbres.

Trois Bûcherons , ensuite TREMBLINOS.

Les bûcherons viennent déposer leurs fagots et

s'amusent un moment ; Tremblinos, qui s'est égaré
en se séparant de son maître, leur demande son
chemin, ils sortent sans l'écouter et en se moquant
de lui. Il commence à faire nuit ; l'écuyer à moitié
mort de frayeur, cherche sa route dans l'obscurité :
tout-à-coup il s'arrête en entendant un bruit lu-
gubre ; il touche par mégarde, le mur d'airain qui
retentit sous sa main comme un tam-tam ; soudain
un des côtés du mur s'éclaire et lui laisse apper-
cevoir un monstre : il passe de l'autre côté, et le
mur lui présente une autre figure hideuse. Tremblinos est à genoux et tremblant, il essaye de sortir,
des flammes s'élèvent de divers côtés, et s'oppo-
sent à son passage. L'écuyer tombe à genoux en se
cachant la figure contre terre.

SCENE XXIV.

TREMBLINOS, ALMANZOR, CAVALO-DIOS.

En cet instant, Almanzor paraît *à cheval sur
son bon génie* ; à son aspect tous les prestiges
disparaissent, et Tremblinos, encore une fois
sauvé, et du danger et de la peur, tombe aux pieds
de son maître et du bienfaisant quadrupède. Mais,
ô terreur nouvelle : un bruit souterrain ; épouvan-
table, a fait trembler la terre et le malencontreux
écuyer.

SCENE XXV.

Les Précédens, ZEGRINO, ALLARIF, Maures.

Dans une minute, la scène est environnée de
cavaliers ; ils barrent le chemin de tous côtés au
brave Almanzor, trop faible pour se défendre
contre un si grand nombre. Dans ce péril, le chevalier invoque sa dame et son génie ; Cavalo-

Dios , docile aux vœux de son maître , s'élance
à travers le mur d'airain , le brise , le franchit ,
on veut le suivre , le mur jette des feux , tous
s'arrètent épouvantés.

Groupe général.

Fin de la première partie.

IIme PARTIE.

*Le théâtre représente une campagne , avec une
tour dans le fond.*

SCENE PREMIERE.

ALQUIMAGOS , ZEGRINO , ALLARIF , BARBARA ,
ROSABELLA , Maures.

Rosabella gémit et pense à ses amours ; Alquimagos sollicite de nouveau sa fille , et la presse de
couronner la flamme de Zégrino : Rosabella est inflexible ; fortune , rang , honneurs , rien ne peut
la tenter ; son cœur est au jeune Espagnol , elle
rejette les vœux du fier Maure , et jure de mou-
rir s'il le faut , plutôt que de manquer de foi à
son amant.

Alquimagos perd patience , il a fait charger les
belles mains de sa fille , de chaînes odieuses , et
ordonne que la rebelle soit enfermée dans la tour.

Rosabella se jette aux pieds du magicien pour qu'il révoque son arrêt, il est inflexible à son tour. » Tu périras dans cette tour, lui dit-il, ou tu » épouseras celui que je te présente, en oubliant » celui que tu adores. »

L'infortunée est renversée et évanouie dans les bras de Barbara ; on l'emporte dans la tour ; en y laissant deux sentinelles, et tous se retirent en peignant les divers sentimens qui les agitent.

SCENE II.

ROSABELLA dans la tour, deux Factionnaires.

Rosabella gémit sur son malheureux sort : on la distingue à travers une fenètre fermée par des barreaux de fer; les deux factionnaires la surveillent et se promènent en scène.

SCENE III.

Les Précédens, ALMANZOR, TREMBLINOS, CA-VALO-DIOS.

Almanzor entre sur son bon cheval, suivi de Tremblinos à pied ; dès que les sentinelles les apperçoivent, ils veulent courir sur eux la lance en arrêt; Cavalo-Dios fait des courbettes, les deux Maures restent enchantés et fixés à la même place.

Rosabella apperçoit son amant, elle lui tend les bras, il met pied-à-terre, son écuyer tient son cheval, il vient près de la tour et s'efforce, mais envain, d'atteindre jusqu'à elle.

L'écuyer porte une bannière, sur laquelle on lit cette devise :

Amour pour la vie.

Almanzor écrit une lettre, dans laquelle il ré-
pète les mots qui composent la devise; il remet
la lettre à son adroit coursier, qui monte à la tour
et la présente à la jeune Rosabella : elle prend cet
écrit précieux , et le baise amoureusement.

SCENE IV.

Les Précédens, ALLARIF.

Allarif paraît et découvre ce qui se passe; il
appelle son maître et sa suite.

SCENE V.

Les Précédens , ZEGRINO, Maures.

Zégrino et ses Maures à cheval, se précipitent
en scène; ils enveloppent le jeune amant, qui
s'élance en selle ; se debat dans la mêlée en
faisant des prodiges de valeur, et sort poursuivi vivement par tous les cavaliers, tandis que
Tremblinos est aux prises avec le farouche Allarif, auquel il a beaucoup de peine à échapper.

Dès l'entrée de Zégrino, les deux Maures ont
repris leurs sens et leur faction, et l'on voit, à
travers la fenêtre grillée de la tour, Rosabella,
forcée par la duègne, de rentrer dans un cachot
moins accessible.

SCENE VI.

*Le théâtre change et représenle une forêt,
dans le fond une auberge.*

DEUX BUCHERONS, LE MAITRE D'AUBERGE
ET SON GARÇON, ensuite ALMANZOR et CA-
VALO-DIOS.

Les Bucherons viennent se reposer dans l'au-

berge, et sont acceuillis par le maître. Almanzor paraît ; Cavalo-Dios frappe à la porte de l'auberge.

SCENE VII.

ALMANZOR, LE MAITRE DE L'AUBERGE. SON GARÇON, ensuite LES BUCHERONS.

Le chevalier remet son cheval au maître de
l'auberge, en lui recommandant d'en avoir le
plus grand soin ; le maître s'empresse d'obéir ;
son garçon, par ses ordres, apporte une mangeoire et de l'avoine : le cheval frappe du pied,
refuse de manger, et dit *non*, en remuant la tête ;
le maître d'auberge est dans le plus profond
étonnement.

SCENE VIII.

Les Précédens, GÉNIES, PETITS AMOURS et L'AMOUR.

Les petits Amours s'avancent, placent des fleurs
à côté de la mangeoire, qui se change en autel, et
posent des cassolettes avec de l'encens autour de
Cavalo-Dios, qui rit et témoigne sa satisfaction.
Tous les gens de l'auberge sont prosternés devant
ce miraculeux animal ; les amours l'entourent
de guirlandes et l'emmènent pour en prendre soin.
Le maître d'auberge et le garçon ne peuvent re-
venir de leur surprise, et rentrent dans la maison.

SCENE IX.

ALMANZOR, *seul*.

L'amant de Rosabella est inquiet sur le sort de

son amante ; la reverra-t-il? pourra-t-il l'arracher aux tyrans qui la persécutent? ne sera-t-elle pas forcée tôt ou tard de donner sa main à l'affreux Zégrino ?

Telles sont les pensées qui assiègent en foule l'esprit agité d'Amanzor. Il s'appuye contre un arbre, et reste plongé dans ses réflexions, en contemplant le portrait de sa mie.

SCENE X.

ALMANZOR, ZEGRINO, ALLARIF, Maures.

Insensible à tout ce qui l'environne, Almanzor ne s'apperçoit point que son rival et ses satellites l'ont suivi, l'ont découvert, l'entourent, le cernent, et vont se précipiter sur lui ; il revient à lui, il veut mettre la main sur la garde de sa redoutable épée, il n'est plus tems, l'adresse et la force l'emportent sur le courage ; le chevalier est saisi traîtreusement, son génie se trouvant éloigné, ne peut plus le défendre, le chevalier est chargé de chaines, enlevé, et son rival triomphe.

SCENE XI.

Le théâtre change et représente une caverne, dans laquelle le magicien a établi sa nouvelle demeure : à gauche est une table avec des livres et des instrumens d'astrologie ; elle est couverte d'un tapis rouge.

TREMBLINOS, *seul.*

Tremblinos cherchant toujours son maître, se

désolant de son absence , erre de souterrein en souterrein, de caverne en caverne, et parvient enfin, par hasard , dans cette dernière grotte ; il la parcourt avec étonnement et inquiétude , craignant toujours quelque nouvelle mésaventure. Il se rassure par degrés en *voyant* qu'il ne *voit* personne , et en *entendant* qu'il n'*entend* rien. Il s'approche de la table, et prend un livre ; à peine l'a-t-il ouvert , qu'une grande flamme sort de terre et le brûle, il jette un cri , laisse tomber le livre magique , et se sauve dans un coin.

Tout reste tranquille , aucun être vivant n'a paru ; il se remet , revient au milieu de la caverne, cherche un issue et n'en trouve point.

Il apperçoit une trompe d'argent suspendue à l'un des côtés de la grotte, il la prend , la retourne la considère , et ne sachant que faire , il prend la résolution de charmer son ennui , en sonnant une fanfare.

A peine a-t-il embouché la trompe enchantée , un bruit terrible frappe l'écho de la caverne , l'écuyer frémit, la peur le cloue à la même place , la trompe d'argent échappe de ses mains, et s'enlève dans les airs , en traçant un sillon lumineux.

SCENE XII.

TREMBLINOS , Démons , Animaux féroces.

Tremblinos se trouve en un instant entouré de démons qui le poursuivent et le tourmentent en paraissant tour-à-tour de différents côtés ; il veut leur échapper, il se trouve cerné et arrêté par plusieurs animaux féroces ; il tombe à genoux, se croyant à son heure dernière.

SCENE XIII.

Les Précédens , ALQUIMAGOS , BARBARA.

Barbara se moque de l'écuyer, Alquimagos étend sa baguette, les bêtes féroces et les démons, dociles à ce signal , disparaissent. Tremblinos est aux genoux du magicien, Barbara l'accable de sarcasmes, Alquimagos regardant le pauvre diable, sourit de sa frayeur ; sa colère est désarmée , il ordonne à l'écuyer de sortir de la caverne, en le confiant à la garde de la défiante duègne.

SCENE XIV.

ALQUIMAGOS , ensuite CAVALO-DIOS.

Cependant le magicien est inquiet, il croit prévoir quelque malheur qui le menace, il pose sa baguette sur la table, prend ses livres, vient à l'avant-scène et consulte l'avenir ; dans ce moment le Cheval bienfaisant , dirigé par Mercure, s'avance doucement dans le fond de la caverne, et s'approchant de la table, enlève la baguette magique qui fait le pouvoir d'Alquimagos, puis sort sans être apperçu. Le magicien revient vers la table ; ô ! trouble , ô ! douleur, sa baguette lui est ravie, le bas du tapis rouge posé sur la table, s'éclaire, et il lit ces mots en lettres de feu :

Tu as perdu ton pouvoir.

Il est accablé de douleur.

SCENE XV.

ALQUIMAGOS, ZEGRINO, ALLARIF, BARBARA, TREMBLINOS, ALMANZOR enchaîné, Maures.

C'est dans cet instant critique que Zégrino triomphant amène son rival enchaîné ; Alquimagos dissimule la perte qu'il a faite, il se hâte d'employer la force pour parvenir à son but, et ordonne que son intéressante pupille soit amenée en sa présence ; en même tems il donne à Zégrino une bague enchantée, seul reste de son ancien pouvoir, elle doit lui servir à conjurer encore une fois les démons.

SCENE XVI.

Les Précédens, **ROSABELLA**, Démons, ensuite **CAVALO-DIOS** et **MERCURE.**

Au signal d'Alquimagos, Rosabella paraît pâle, échevelée, mourante, elle est conduite par les démons armés de torches, elle apperçoit son amant, elle court dans ses bras, on l'en arrache avec violence.

Alquimagos lui annonce qu'il faut sur-le-champ qu'elle épouse Zegrino, ou qu'Almanzor va périr à ses yeux.

Quelle alternative cruelle pour la pauvre Rosabella ! en vain son amant lui déclare qu'il préfère la mort à la douleur de la voir passer dans les bras d'un autre ; cette image la fait frémir, elle hésite ; son perfide père veut l'entraîner vers un autel qui est sorti de terre, et unir malgré elle sa main à la

main de l'odieux Maure ; elle recule avec épou-
vante, alors Zégrino indigné ordonne de saisir
Almanzor ; il est renversé, les démons l'environnent, les poignards et les torches sont levés sur sa
tête... effroyable tableau ! « Arrêtez, s'écrie Rosabella, que mon ami conserve la vie, et que je sois
la seule victime. » En disant ces mots, elle marche
avec fermeté vers l'autel ; Alquimagos joint sa main
tremblante à celle de Zégrino.

Tout-à-coup la foudre gronde, le Cheval génie
parait monté par Mercure ; à sa vue les démons
s'enfuyent ; il les poursuit, les disperse ; Almanzor combat Zégrino ; Tremblinos retrouve
son courage, et seconde son maitre en sabrant
Allarif ; les deux Maures sont tués. Le Magicien et Barbara se trouvent retenues par des chaines magiques qui sortent des murs de la caverne.
Une pluie de feu tombe de la voûte.

Tremblinos, à genoux, se cache derrière son
maitre, les Maures épouvantés se prosternent,
les Démons s'agitent dans la pluie de feu, et bientôt disparaissent.

SCENE XVII et Dernière.

Les Précédens excepté les Démons ; l'Amour, Nymphes,
Génies, Petits Amours.

*Le théâtre change et représente une cam-
pagne riante ; dans le fond, un arc de triomphe, sous lequel se trouve groupé Cavalo-Dios
au milieu des Nymphes qui l'environnent :
des guirlandes de roses et des touffes de fleurs
soutenues par des amours flottent dans les
airs.*

L'Amour vient en scène; tous les personnages sont à genoux. Il s'approche avec grace d'Almanzor et de Rosabella, les relève, les unit, et accorde à leurs prières la grace d'Alquimagos et de Barbara.

L'action se termine par un groupe général.

FIN.

De l'Imprimerie de HOCQUET et Comp., rue du Faubourg Montmartre, n°. 4, au coin du Boulevard.